Eugenio Hughes G-P. Fotografía

CHILE

Tierra de Contrastes

CHILE   *A Land of Contrast*

Edición, textos y fotografías
Photographed, written and published by

Eugenio Hughes González-Pagliere

Diseño y Diagramación
Layout and design by

Andrea Larraín Boetsch

Traducción al Inglés
English translation by

Berlitz Globalnet

Impresión
Printed by

Servicios de Impresión Laser S.A.

Tapa Dura   I.S.B.N. 956-291-419-4
Tapa Blanda I.S.B.N. 956-291-420-8
Inscripción N°126756
Quinta Edición 2007
Derechos reservados de los textos y fotografías.
Fotografía páginas 130-131 Guy Wenborne.

Distribución
Mandiola y Cia. Ltda.
Avda. Vitacura 6195 Local 17, Pueblo del Inglés
Fono-fax: 2192403
E-mail: turisman@terra.cl
Santiago, Chile.

Eugenio Hughes González-Pagliere
Constitución 197 dp. C, Providencia
Fono-fax: 7772766
E-mail: ehughes@mi.cl
Santiago, Chile.

A la memoria de Pilar Allende Álamos.

In loving memory of Pilar Allende Álamos.

INTRODUCCIÓN El recorrer Chile realizando reportajes fotográficos me ha permitido conocer los más diversos lugares, desde el altiplánico pueblo de Parinacota, rodeado de volcanes, lagunas y bofedales, hasta el continente antártico, con sus témpanos flotantes.

Chile presenta una gran variedad de climas y geografías; en el norte se encuentra el Desierto de Atacama, el más árido del planeta, en contraste con las grandes extensiones de bosques nativos de la zona sur, en donde las lluvias sobrepasan los 1.000 mm anuales.

Siempre soñé conocer los magníficos lugares que aparecen en este libro, y una vez en ellos quedé sin palabras, pues la realidad superaba toda imaginación. Me impresionó especialmente ver cómo el hombre, durante siglos, había vivido en perfecta armonía con la naturaleza, sacando de ella sólo lo necesario para su subsistencia, legándonos un maravilloso ejemplo de convivencia responsable con la tierra, que debemos preservar para las generaciones futuras.

INTRODUCTION Traveling throughout Chile doing photographic journalism has enabled me to get to know the most diverse places, from the Altiplano or high plateau village of Parinacota, surrounded by volcanoes, lagoons, and bogs, to the Antarctic, with its floating icebergs.

Chile has a great variety of climates and geographical features; the Atacama Desert, the world´s driest is situated in the north, in stark contrast to the extensive native forests found in the south, which receive more than 1,000 mm of rain per year.

I have always dreamt of seeing the spectacular places that appear in this book and when I finally did, I was rendered speechless, as, in reality, their beauty far outweighed what I had imagined. I was especially impressed to see how man has lived in perfect harmony with nature over the centuries, only taking from it what was necessary to survive, and, thus, bequeathing us a wonderful example of responsible coexistence with the land, which we must preserve for future generations.

NORTE *Grande*

↑ PASTOR AIMARA Sus ancestros han vivido desde hace unos 10.000 años adaptándose a la falta de oxígeno y a las duras condiciones climáticas: temperaturas altas en el día y de hasta 20° bajo cero en la noche. Gracias a la domesticación de las llamas y alpacas han conseguido abrigo y alimento para subsistir.

→ PARINACOTA Es uno de los pueblos rituales del altiplano donde los pastores acuden para las fiestas religiosas. Su origen es anterior a la llegada de los españoles y se encuentra en la antigua ruta Arica-Potosí. En los pastos de su bofedal se alimenta apaciblemente un grupo de llamas y alpacas.

← IGLESIA DE COSAPILLA La transparencia de la atmósfera altiplánica permite que el sol inunde de luz los blancos muros de la iglesia de Cosapilla. Construida en el siglo XVII, se encuentra a más de 4.000 m de altura, en el último poblado del gran bofedal Caquena.

↑ AYMARA SHEPHERD His ancestors have lived in the highlands for 10,000 years, adapting themselves to the lack of oxygen and the harsh weather conditions: high temperatures by day and up to 20° below zero by night. Thanks to the domestication of llamas and alpacas they have enough food and clothing to survive.

→ PARINACOTA This is one of the ceremonial Altiplano villages where shepherds gather for religious festivals. It dates back to before the arrival of the Spaniards and is located on the old Arica-Potosí route. A group of llamas and alpacas can be seen grazing on its boggy pastures.

← COSAPILLA CHURCH The transparency of the Altiplano's atmosphere allows the sun to flood the white walls of Cosapilla church. Built in the XVII century, it stands at more than 4,000m above sea level in the last village in the extensive Caquena bog lands.

↑ LLARETA La llareta es una de las plantas milenarias del altiplano chileno. Crece sólo uno o dos mm por año en montones compactos alrededor de las rocas. Debido a su alto grado de combustión fue prácticamente exterminada por la actividad minera.

← LAGUNAS DE COTACOTANI Conjunto de lagunas interconectadas cuyas aguas, de color esmeralda, han sido retenidas producto de erupciones volcánicas. A través de una cadena de filtraciones, éstas van desde el lago Chungará a Cotacotani, para luego escurrirse al bofedal de Parinacota, donde nace el río Lauca. Al fondo se aprecian los Payachatas, volcanes gemelos Pomerape y Parinacota, de más de 6.000 m de altura.

↑ LLARETA The llareta is one of the age-old plants found in the altiplano region of Chile. It only grows 1 or 2 mm per year hugging the rocks in extremely compact masses, and, due to its high level of combustibility, was practically eradicated by mining activity.

← COTACOTANI LAGOONS These are a group of interconnected lagoons whose emerald waters have been dammed up as a result of volcanic eruptions. Through a chain of filtrations, they stretch from Lake Chungará to Cotacotani and then merge into the Parinacota bog land, where the river Lauca begins to flow. The Payachatas can be seen in the background; twin volcanoes called Pomerape and Parinacota that stand more than 6,000 m high.

HUMBERSTONE En la desolada pampa nortina aún se mantiene en pie esta antigua oficina salitrera. El viento del atardecer y unos pocos tamarugos que aún sobreviven quedan como solitarios testigos de su antiguo esplendor. Se inició en el año 1862 para luego ser rebautizada en 1930; a fines de esa década se construyó su hermoso teatro en tabiquería de madera.

← GEOGLIFOS DE PINTADOS Esta gran obra precolombina, con más de 400 figuras que representan hombres, animales, pájaros y dibujos abstractos, se ubica en el faldeo oriental de la Cordillera de la Costa, en el sector de la Pampa del Tamarugal. Fue construida entre los años 1000 y 1400 d.C. para señalizar el paso de los caminos troperos entre la sierra y la costa.

HUMBERSTONE This old saltpeter office is still standing in the desolate northern pampa. Only the evening wind and a few surviving tamarugo trees are the sole witnesses of its ancient splendor. It was built in 1862 but was then rechristened in 1930, at the end of which decade its beautiful wooden theatre was also built.

← GEOGLYPHS IN PINTADOS This grand pre-Columbian work of art, with more than 400 images representing men, animals, birds, and abstract drawings, is situated in the eastern foothills of the coastal mountain range in the Pampa del Tamarugal region. It was created between 1000 and 1400 A.D. with the aim of signposting the route between the mountain range and the coast for the livestock herders.

← FIESTA DE LA VIRGEN DEL CARMEN, LA TIRANA Cofradía de bailes religiosos que se celebra cada año entre el 12 y el 18 de julio. Los devotos vienen de todo el Norte Grande, con sus atuendos altiplánicos, para presentar sus ofrendas a la Virgen.

→ AVENIDA BAQUEDANO, IQUIQUE Sus antiguas casas estilo georgiano norteamericano fueron edificadas con finas maderas entre los años 1880 y 1920. Se destacan sus hermosos corredores con pilares que dan a la calle, formando un armonioso conjunto.

← VIRGEN DEL CARMEN FESTIVITY, LA TIRANA This is a brotherhood of religious dances that is celebrated each year between July 12th and 18th. The devotees come from all parts of the Norte Grande (the northernmost region of Chile) dressed in their typical Altiplano attire, to give their offerings to the Virgin.

→ BAQUEDANO AVENUE, IQUIQUE Its old North American Georgian-style houses made out of fine woods were built between 1880 and 1920. Their outstanding feature is their beautiful pillared corridors that look out onto the street, which blend in harmoniously with the architecture.

← CATEDRAL DE IQUIQUE Por encima de las embarcaciones pesqueras, que caracterizan al puerto de Iquique, se yergue su hermosa Catedral. Su construcción en pino Oregón, que se inició en el año 1885, cobijó los restos de los héroes de Iquique hasta el año 1888.

→ CALETA DE PESCADORES, MEJILLONES Debido al contraste con la aridez del desierto nortino, las caletas de pescadores ofrecen una verdadera fiesta visual llena de movimiento y color.

← IQUIQUE CATHEDRAL High above the fishing boats that characterize the port of Iquique stands its beautiful Cathedral. Its Oregon pine construction was started in 1885 where the remains of Iquique's heroes were kept up until 1888.

→ MEJILLONES FISHERMEN COVE In stark contrast to the arid northern desert, fishermen cove are a real visual delight, full of color and movement.

↑ ANTOFAGASTA
← CALDERA

↑ ENFLORAMIENTO DE LAS LLAMAS, CASPANA Cada 24 de junio, durante la fiesta de San Juan Bautista, "patrono del ganado", se realiza el enfloramiento de las llamas. Estos coloridos adornos representan el aprecio que sienten los pastores por sus animales. De esa manera le ruegan a San Juan que sea un buen año y que sus animales produzcan abundante lana.

→ IGLESIA DE SAN LUCAS, CASPANA Al llegar a Caspana y caminar por sus antiguas calles empedradas queda la sensación de que el tiempo se hubiera detenido. La iglesia de San Lucas, anterior a 1641, fue construida con piedra canteada, pegada y revocada con barro. La rodean muros circulares de antiguos corrales y hermosas casas de piedra con techos de barro. Caspana es el único pueblo prehispánico original y está habitado por aproximadamente 450 personas, que en sus chacras cultivadas en terrazas producen flores y verduras para el mercado de Calama.

↑ ADORNMENT OF LLAMAS, CASPANA Every June 24th, during the Saint John the Baptist festivity, the "patron saint of livestock", people decorate the llamas with colorful adornments that represent how valuable animals are to the shepherds, and in decorating them, they ask Saint John for a good year in which their animals produce plenty of wool.

→ SAN LUCAS CHURCH, CASPANA When you arrive at Caspana and walk along its old, cobblestone streets, you get the feeling that time has stood still. San Lucas church dates back to prior to 1641 and was built out of quarried stone that was joined and plastered with mud. It is surrounded by circular walls of old farmyards and lovely stone houses with mud roofs. Caspana is the only original pre-Hispanic town and has a population of approximately 450 people, who grow flowers and vegetables in their small terraced plots which they then sell at Calama market.

→ VALLE DE LA LUNA Al plegarse parte del fondo del salar de Atacama, se produjo una profunda transformación de la corteza terrestre, dando origen al Valle de la Luna. Este hundimiento está rodeado de pequeños cerros con crestas filosas que muestran sus distintas formas estratificadas. Al atardecer, cuando ya ha pasado el calor del mediodía y las sombras comienzan a alargarse, es la mejor hora para disfrutar de este sobrecogedor paisaje.

→ VALLE DE LA LUNA (MOON VALLEY) When part of the Salar de Atacama (Atacama salt flat) gave way, it produced a profound transformation in the earth's crust, thus, creating the Valle de la Luna. This cave-in is surrounded by small hills with sharp crests that show their various different stratified shapes. When the heat of the midday sun is long gone and shades begin to lengthen, dusk is the best time to enjoy this breathtaking landscape.

← IGLESIA DE SAN FRANCISCO, CHIU-CHIU Los primeros rayos solares de la mañana bañan suavemente la torre campanario de la iglesia de San Francisco de Chiu-Chiu. Construida en adobe por los atacameños en 1675, es una de las más bellas de la región.

→ RÍO SALADO En medio de riscos y quebradas corre el río Salado hasta alcanzar al río Loa, el más largo de Chile, que luego de recorrer aproximadamente 500 km a través del desierto desemboca finalmente en el mar.

← SAN FRANCISCO CHURCH, CHIU-CHIU The first morning rays cast a soft light over the bell tower of San Francisco church, at Chiu-Chiu. Built in adobe brick in 1675 by the Atacameños (Atacama´s indigenous people), it is one of the most beautiful churches in this region.

→ SALADO RIVER The Salado river winds it way through cliffs and gorges until it reaches the Loa river, the longest in Chile, which, after running through approximately 500 km of desert, finally empties out into the sea.

NORTE *Chico*

→ SALAR DE MARICUNGA El Salar de
Maricunga se encuentra al interior de Copiapó, sobre
los 3.750 m de altura, entre las cordilleras Domeyko
y Claudio Gay. El hundimiento de la corteza terrestre
dio origen a uno de los paisajes más impactantes y
desolados de la cordillera nortina.

← BAHÍA INGLESA Hermosa playa de arenas
blancas y de un mar manso, templado y transparente.
En 1687 recaló en sus costas el corsario inglés Edward
Davis, dando origen a su antiguo nombre: "Puerto
del Inglés".

→ SALAR DE MARICUNGA
(MARICUNGA SALT FLAT) Salar de
Maricunga is located 3,750 m above sea level east of
Copiapó between the Domeyko and Claudio Gay
mountain ranges. The cave-in of the earth's crust
gave rise to one of the most impressive and desolate
landscapes in the northern mountain range.

← BAHÍA INGLESA This is a beautiful, white,
sandy beach lapped by a calm, warm, and crystal
water sea. In 1687, English corsair, Edward Davis,
landed on its shores, giving it its former name, "Puerto
del Inglés" (Port of the Englishman).

GANSOS DEL ALTIPLANO
ALTIPLANO GEESE

FLAMENCOS
FLAMINGOS

→ VICUÑAS La vicuña es el más pequeño de los camélidos sudamericanos, el cual no es posible domesticar. Vive en grupos familiares de 1 macho y hasta 5 hembras. Su lana, empleada actualmente en los más finos textiles de las culturas nativas, es la más delgada fibra animal después del gusano de seda. Luego de haber sido prácticamente exterminada, su población actual se estima en unos 30.000 ejemplares.

« GANSOS DEL ALTIPLANO Viven en bofedales a más de 4.000 m de altura, poniendo sus huevos en una gruesa capa de barro.

← FLAMENCOS A 3.350 m de altura, en las orillas del Salar de Pedernales, habitan los simpáticos flamencos. Viven en grandes colonias, construyendo sus nidos con barro y dándoles la forma de un pequeño volcán. Sus rosadas plumas y sus largas patas, de las cuales sólo ocupan una para descansar, hacen de esta ave una de las más curiosas de Chile.

→ VICUÑAS The vicuña is the smallest member of the camel family in South America and it cannot be domesticated. It lives in family groups of one male and up to five females and its wool, which is currently used in the finest textiles of the native cultures, is the thinnest animal fiber after that of the silkworm. Having been rendered almost extinct, there are some 30,000 of them alive today.

« ALTIPLANO GEESE They live in bogs 4,000 m above sea level and lay their eggs in thick layers of mud.

← FLAMINGOS These likeable flamingos live on the banks of Salar de Pedernales (Pedernales Salt Flat), 3,350 m above sea level. They live in large groups and build their nests with mud in the shape of small volcanoes. Their pink feathers and the fact that they stand on a single long leg when resting, make them one of the most curious birds in Chile.

DESIERTO FLORIDO Producto de las lluvias invernales, en primavera, el árido paisaje del desierto se transforma en un espectáculo único de sorprendente colorido. Cientos de semillas, bulbos e insectos que permanecieron ocultos bajo la tierra brotan a la vida con exuberancia.

DESERT IN FLOWER As a result of winter rains, the arid landscape of the desert is transformed into a surprising and unique spectacle bursting with color in the spring. Hundreds of seeds, bulbs, and insects that were once hidden underground, spring to life in abundance.

← GARRA DE LEÓN La bellísima garra de león, de la familia de las Alstroemerias, crece solamente en un sector reducido del Desierto de Atacama, desde Huasco a Caleta Totoral. En peligro de extinción, es una de las flores más vistosas y raras de Chile. Admirada por los botánicos, tanto chilenos como extranjeros, fue descubierta por el naturalista Rodulfo Amando Philippi en 1873.

→ QUEBRADA JUAN SOLDADO A pocos kilómetros al norte de La Serena se levanta este verdadero jardín natural de fascinante belleza.

← GARRA DE LEÓN (LION'S CLAW) The exquisite garra de león, which belongs to the Alstroemeria family, only grows in a small sector of the Atacama Desert between Huasco and Caleta Totoral. It is one of Chile's most colorful and rare flowers but it is currently an endangered species. It was discovered by the naturalist Rodulfo Amando Philippi in 1873 and is today admired by both Chilean and foreign botanists alike.

→ JUAN SOLDADO GORGE This stunningly beautiful natural garden is located only a few kilometers north of La Serena.

↑ CARRIZAL BAJO
← CALDERA

← PARRONALES En el Valle del Elqui, la tecnología de riego por goteo ha contribuido a desarrollar la actividad frutícola, en especial la producción de uva de pisco y de mesa para exportación.

→ MONTEGRANDE Enclavado al interior del Valle del Elqui, en medio de huertos que lo inundan con su dulce fragancia, se encuentra Montegrande, apacible pueblo que vio nacer a Gabriela Mistral (Premio Nobel de Literatura 1945). Su delicada alma quedó expresada en sus melancólicos poemas llenos de amor por Dios, su tierra natal, sus habitantes y especialmente por los niños.

← VINEYARDS At the Valle del Elqui (Elqui Valley) drip irrigation technology has contributed to the development of the fruit-growing industry, particularly in the production of both pisco grapes and table grapes for exportation purposes.

→ MONTEGRANDE This peaceful little town that lies in Valle del Elqui amid sweet-smelling orchards, was the home town of Gabriela Mistral, who was awarded the Nobel Literature Prize in 1945. Her great sensitivity was expressed in her melancholic poems full of love for God, her native land, its inhabitants, and, above all, children.

EL TOTORAL En medio de un sobrecogedor
paisaje se encuentra el fundo El Totoral, ubicado a
70 km. al norte de Los Vilos. Su playa de arena fina
está rodeada de imponentes acantilados.

EL TOTORAL The El Totoral estate, whose fine
sandy beach is surrounded by imposing cliffs, is set
in the midst of some stunning scenery 70 km north
of Los Vilos.

→ PARQUE NACIONAL FRAY JORGE
Fue descubierto en 1627 por un fraile de la Orden
Franciscana que utilizó troncos de olivillo para construir
la torre del templo de San Francisco de La Serena. En
su cumbre, a una altura aproximada de 600 m sobre
el nivel del mar, se encuentra el bosque valdiviano
con canelos, olivillos y gran cantidad de helechos. Esta
vegetación típica de latitudes sureñas es un relicto de
antiguas glaciaciones donde las temperaturas eran más
bajas y el clima más lluvioso. Actualmente sobrevive
gracias a la condensación de la niebla costera, la cual
al precipitarse dentro del bosque llega desde 800 a
1.000 mm anuales.

→ FRAY JORGE NATIONAL PARK This
area was discovered in 1627 by a Franciscan monk
who used olivillo (a tree indigenous to Chile) trunks
to build the San Francisco church tower in La Serena.
At the highest point of the park at approximately
600 m above sea level, there is a Valdivian forest
with canelo (magnolia family) trees, olivillos, and a
wide scattering of ferns. This vegetation typically
found in southern latitudes is a relic of ancient
glaciations where the temperatures were lower and
there was more rainfall. It still survives today thanks
to the condensation of the coastal fog which provides
the forest with between 800 mm and 1,000 mm of
annual precipitation.

PARQUE NACIONAL FRAY JORGE
FRAY JORGE NATIONAL PARK

→ CHINCHILLA Descrita por el naturalista Claudio Gay como uno de los más hermosos animales chilenos, estos pequeños mamíferos habitan en cuevas, saliendo sólo en la noche, pues sus ojos son extremadamente sensibles a la luz. Viven en cerros y quebradas, alimentándose de hojas, semillas y brotes de arbustos. Por su delicada y suave piel fue muy perseguida, convirtiéndola en la actualidad en un animal muy tímido.

→ ZORRO CULPEO Astuto cazador, el zorro culpeo se alimenta de huevos, frutos, roedores y aves. Habita en madrigueras y arbustos enmarañados. En el Parque Fray Jorge convive pacíficamente con los turistas, ante los que acepta gustosamente dejarse ver a cambio de un poco de alimento.

→ CHINCHILLA Described by the naturalist Claudio Gay as one of the most beautiful Chilean animals, these small mammals live in caves and only come out a night since their eyes are extremely sensitive to light. They live in hills and gorges and feed on leaves, seeds, and shrub sprouts. They were once heavily hunted for their soft fur which is why they are now so timid.

→ ZORRO CULPEO (CULPEO FOX) An astute hunter, the culpeo fox feeds on eggs, fruit, rodents, and birds and lives in dens and tangled bushes. In the Fray Jorge Park it is not shy with the tourists and is more than willing to show itself off in exchange for some food.

→ R A N O   R A R A K U ,   I S L A   D E   P A S C U A   Una onírica visión nos ofrece el atardecer en la ladera Rano Raraku. Allí se encuentra la cantera donde fueron tallados la mayoría de los Moais de Isla de Pascua.

→ R A N O   R A R A K U ,   E A S T E R   I S L A N D   Sunset witnessed from the Rano Raraku volcano is a sight we can only dream of, and it is here in the volcano's quarry that the majority of the Moais (mysterious stone statues found on the island) were carved.

Zona **CENTRAL**

CALETA QUINTAY
QUINTAY COVE

← ZAPALLAR El hermoso balneario de Zapallar, rodeado de verdes y abruptos cerros, está ubicado en una pequeña ensenada. A comienzos del siglo pasado, Olegario Ovalle, propietario de la hacienda Zapallar, decide regalar a sus amigos sitios si en un plazo de dos años construyen sus casas. De esa manera comenzó una cuidada urbanización en donde se trazaron las armónicas calles y se plantó infinidad de árboles y plantas.

← ZAPALLAR The beautiful beach of Zapallar is nestled in a small cove, surrounded by steep green hills. By early last century, Olegario Ovalle, owner of the Zapallar estate, decided to give land away to his friends provided that they build their houses there within two years. In this way, a lovely town sprang up with attractive streets, and copious plants and trees were planted.

PLAYA GRANDE, QUINTAY

QUINTAY Famosa por la pesca de la apetecida albacora, en Quintay la calidez y sencillez del pescador se sienten. Casas desordenadas y amontonadas unas arriba de otras y sus cerros verdes que caen al mar en acantilados profundos dan a esta caleta un especial encanto.

QUINTAY Famous for its albacore (swordfish) fishing, you can feel the warmth and simplicity of the fishermen in Quintay. The jumbled houses stacked one on top of the other and the green hills that sweep down to the sea to form steep cliffs, are what give this cove its special charm.

VALPARAÍSO

← ASCENSOR ARTILLERÍA Inaugurado en 1893 junto a antiguas edificaciones de principios de siglo, el ascensor Artillería es el más antiguo de Valparaíso. Desde arriba se obtiene una magnífica vista de la actividad del puerto.

→ ASCENSOR POLANCO Construido en el año 1915, su acceso es a través de un túnel de 140 m que lo conecta con el único carro que asciende verticalmente 60 m por el interior del cerro. Las coloridas viviendas que lo rodean invitan a recorrer sus calles y pasajes.

← CERRO SAN JUAN DE DIOS Valparaíso es un original conjunto de espacios desplegados sobre los cerros. Su colorida arquitectura se desarrolló espontáneamente con el aporte de inmigrantes ingleses y alemanes que llegaron en el siglo XIX.

← ARTILLERÍA ELEVATOR Inaugurated in 1893 and built next to some old buildings dating back to early last century, the Artillería elevator is the oldest of its kind in Valparaíso. From the top, it has a fantastic view of the port activities carried on below.

→ POLANCO ELEVATOR Built in 1915, the access to this elevator - the only one that ascends vertically 60 m up inside a hill - is through a 140 m long tunnel. The colorful houses on either side tempt you to wander along its streets and passages.

← SAN JUAN DE DIOS HILL Valparaíso is made up of different neighborhoods that blanket the hills. Its original colorful architecture sprang up spontaneously with the help and influence of the English and German immigrants who arrived in the XIX century.

← L A G U N A   V E R D E   La hermosa playa de
arenas rubias de Laguna Verde está a sólo 18 km al
sur de Valparaíso y su camino de acceso corre por
enormes acantilados rocosos que miran al mar.

→ A L G A R R O B O   Algarrobo es uno de los más
hermosos balnearios de la región; está ubicado en una
abrigada rada que lo protege del intenso viento sur
en cuyas lomas se ubican las casas de veraneo. El
atardecer, teñido de violeta, invita a contemplar la
quietud de sus aguas.

← L A G U N A   V E R D E   The beautiful golden
sandy beach of Laguna Verde is only 18 km south of
Valparaíso and the road that leads there runs along
huge sea-lined rocky cliffs.

→ A L G A R R O B O   Situated in a sheltered bay
that shields it from the piercing southern winds, where
the summer homes sit in the hillocks, Algarrobo is one
of the most stunning beaches in the area. Its violet-
tinged sunsets entice you to contemplate the stillness
of its sea .

CAJÓN DEL MAIPO Desde el estero Colina se obtiene una hermosa vista de la cordillera nevada junto al pequeño valle. Hace millones de años se produjo el gran levantamiento del fondo marino que dio origen a la imponente Cordillera de los Andes.

CAJÓN DEL MAIPO A spectacular view of the snow-capped Andes mountain range can be seen from the narrow Colina stream valley. Millions of years ago, a great upheaval of the seabed gave rise to the imposing Cordillera de los Andes (Andes mountain range).

→ SANTIAGO En el sector comprendido entre las avenidas El Bosque, Vitacura e Isidora Goyenechea se conjugan modernos edificios de oficinas con restaurantes y finas tiendas, transformándose en un centro de reunión y esparcimiento. De fondo, la cordillera de los Andes se presenta nevada después de una lluvia invernal.

→ SANTIAGO In the sector encompassed by the El Bosque, Vitacura and Isidora Goyenechea avenues, modern office buildings, restaurants and exclusive stores, combine to forge a social meeting and recreation district. In the background, the snow-capped Andes Mountains become visible after the winter rain.

LO SEGUNDO ES VER EL OTOÑO.
NO PUEDO SER SIN QUE LAS HOJAS
VUELEN Y VUELVAN A LA TIERRA.

LO TERCERO ES EL GRAVE INVIERNO,
LA LLUVIA QUE AME, LA CARICIA
DEL FUEGO EN EL FRIO SILVESTRE.

EN CUARTO LUGAR EL VERANO
REDONDO COMO UNA SANDIA.

↑ LA CHASCONA La casa en Santiago de Pablo Neruda, Premio Nobel de Literatura 1971, hoy convertida en museo, alberga una importante colección de libros y obras de arte. En 1955, junto a su mujer, Matilde Urrutia, a quien él apodaba "La Chascona", eligieron este lugar en pleno barrio Bellavista, junto al jardín zoológico del cerro San Cristóbal.

← LAS CONDES, SANTIAGO Vista panorámica de la Comuna de Las Condes con la Cordillera de los Andes nevada de fondo. Al centro, el cerro El Plomo, con sus 5.430 m de altura, domina el valle de Santiago.

↑ LA CHASCONA This is Pablo Neruda's house in Santiago (awarded the Nobel Literature Prize in 1971), which has since been converted into a museum that houses an important collection of literature and works of art. In 1955, both he and his wife, Matilde Urrutia, who he nicknamed "La Chascona" (wild-haired woman), chose this spot in the heart of the Bellavista district, right next to the zoo on San Cristóbal hill.

← LAS CONDES, SANTIAGO Here we have a panoramic view of the Las Condes district with the snow-capped Andes in the background. El Plomo hill takes center stage and at 5,430 m high, dominates the Santiago valley.

VIRGEN DEL SOCORRO

→ IGLESIA SAN FRANCISCO Construida entre 1572 y 1628 es el monumento arquitectónico más antiguo de Chile. En ella se venera una imagen de la Virgen del Socorro traída por el conquistador Pedro de Valdivia como patrona y guía de sus excursiones. En el interior del templo se destaca el cielo policromado con su hermoso trabajo en madera de influencia musulmana.

← CONVENTO MUSEO Su patio central está rodeado de hermosa vegetación y la tranquilidad de su entorno invita a la contemplación. El museo posee una rica colección de arte colonial, destacándose las pinturas que representan la vida de San Francisco de Asís.

→ SAN FRANCISCO CHURCH Built between 1572 and 1628, it is the oldest architectural monument in Chile where an image of the Virgen del Socorro is worshipped, brought to Chile by conqueror Pedro de Valdivia, as the patron saint and guiding light of his excursions. The church's outstanding feature is its polychromed ceiling with its stunning, Moslem-influenced woodwork.

← CONVENT MUSEUM Its central courtyard is surrounded by attractive vegetation and the tranquility of the spot is very conducive to meditation. The museum houses an impressive collection of colonial art including paintings depicting the life of Saint Francis of Assisi.

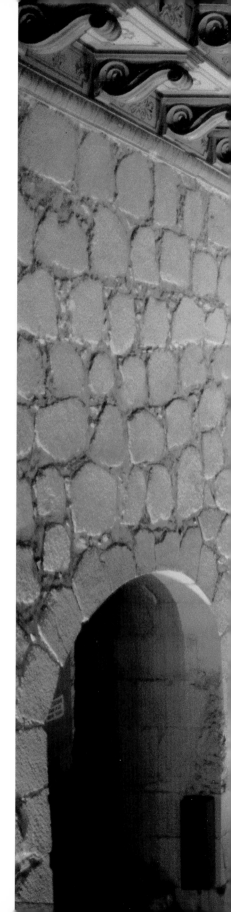

→ PANQUEHUE Las bodegas y viñedos de
Viña Errázuriz, fundada en 1870 por don Maximiano
Errázuriz, se encuentran en el Valle del Aconcagua,
a 100 km al norte de Santiago. Su clima subhúmedo
mediterráneo es ideal para la producción de las uvas
de alta concentración Cabernet Sauvignon, Syrah y
Merlot, que se utilizan en la producción de vinos finos.
Actualmente es una de las viñas más prestigiosas en
Chile y en los mercados internacionales.

→ PANQUEHUE The Viña Errázuriz wine cellars
and vineyards, founded in 1870 by Maximiano Errázuriz,
are situated in the Aconcagua Valley, 100 km north of
Santiago. Its sub-humid Mediterranean climate is ideal
for the production of highly concentrated grapes such
as Cabernet Sauvignon, Syrah, and Merlot, which are
used in the making of their premium wines. Today this
is one of the most prestigious vineyards both in Chile
and markets abroad.

VIÑA ERRÁZURIZ, VALLE DEL ACONCAGUA
VIÑA ERRÁZURIZ, ACONCAGUA VALLEY

CASABLANCA   A sólo 25 km del océano Pacífico se encuentra el Valle de Casablanca. Su clima de nieblas matinales y brisas frescas es ideal para la maduración lenta de la uva Sauvignon Blanc y Chardonnay.

CASABLANCA   The Casablanca Valley is located only 25 km from the Pacific Ocean and its climate, with its morning mists and cool breezes, is ideal for the slow ripening of the Sauvignon Blanc and Chardonnay grapes.

← VALLE DE COLCHAGUA A 70 km. al oeste de San Fernando, en el privilegiado Valle de Colchagua, se encuentra el viñedo Caliterra. Protegido por la Cordillera de la Costa, su óptima tierra y cielos despejados ofrecen excelentes condiciones para el crecimiento de uvas Merlot, Carmenère, Cabernet Sauvignon y Syrah.

← COLCHAGUA VALLEY Caliterra vineyard is situated 70 km west of San Fernando in the beautiful Colchagua Valley. The top quality soil and clear skies that are characteristic of the region, along with the protection provided by the coastal mountain range, combine to constitute excellent conditions for the production of the Merlot, Carmenère, Cabernet Sauvignon, and Syrah grapes.

→ FRUTALES Se han plantado miles de hectáreas de árboles frutales, los que en primavera se presentan cargados de hermosas y coloridas flores. Luego, a partir del verano, se cosechan los frutos, que son transportados a las diferentes plantas de empaque para su posterior exportación.

→ FRUIT TREES Thousands of hectares of fruit trees have been planted which, in springtime, burst into stunning, colorful blossom. Their fruits are harvested in the summer and then transported to different packing plants for exportation.

PRODUCCIÓN FRUTÍCOLA La diversidad
de climas que caracterizan a Chile permite una gran
variedad de especies. Esto, más la introducción de
nuevas variedades y avanzadas tecnologías en la
producción y conservación de frutas, aseguran una
oferta constante durante gran parte del año. La uva
de mesa se encuentra en el primer lugar de las especies
cultivadas en Chile.

FRUIT PRODUCTION Chile's diverse climates
permit the planting of a wide variety of species; this,
coupled with the introduction of new varieties and
advanced technologies in the production and
preservation of fruits, guarantees a constant supply
nearly all year round. The table grape is Chile's most
widely grown product.

FUNDO SAN ENRIQUE DE BUCALEMU La antigua casona del fundo San Enrique de Bucalemu se encuentra próxima a la desembocadura del río Rapel.

Fue construida con adobe tendido y roble macizo alrededor del año 1850 por el español Domingo Fernández De la Matta. Recientemente restaurada por sus descendientes, aún conserva sus muebles originales.

SAN ENRIQUE DE BUCALEMU ESTATE The old farm house on the San Enrique de Bucalemu Estate is located close to the mouth of the Rapel River.

It was built from adobe and solid oak around 1850 by the Spaniard Domingo Fernández De la Matta. Recently restored by his descendants, its original furniture remains.

↑ ALFARERÍA DE QUINCHAMALÍ, CHILLÁN La cerámica de Quinchamalí es fabricada a partir de montones de greda mojada y amasada que se moldean con la ayuda de piezas de madera. Con ellas se confeccionan vasijas, fuentes, platos y figuras, los cuales finalmente se cuecen.

↑ QUINCHAMALÍ POTTERY, CHILLÁN Quinchamalí's pottery is made out of large quantities of moist, kneaded clay that is molded using pieces of wood to make bowls, dishes, plates, and figures which are then fired.

VICHUQUÉN

← VICHUQUÉN El pueblo de Vichuquén nació
de agrupaciones indígenas que ocupaban las tierras
costeras desde antes de la llegada de los Incas, los
que posteriormente establecieron allí sus colonias con
población traída de Atacama. Diseñado originalmente
en 1771, aún conserva sus hermosas casas con techos
de teja y corredores exteriores que forman una larga
galería continua.

← VICHUQUÉN Groups of indigenous people
gave rise to the town of Vichuquén, having occupied
the coastal lands prior to the arrival of the Incas, who
then later established their settlements here, with
migrations from Atacama. Originally designed in 1771,
the town's attractive houses with tiled roofs and
exterior corridors that form one long, continuous
gallery, are still standing today.

ILOCA

→ R O D E O Durante la Colonia, cuando Chile era fundamentalmente ganadero, los hacendados se reunían para separar y marcar a los animales mediante un rodeo. Este sistema fue perfeccionándose en donde los jinetes llevaban a los animales en el menor tiempo posible a los corrales de cada dueño. Así comenzó a tomar forma la tradición del huaso y su caballo, en una mezcla de faena agrícola y deporte, el único auténticamente criollo y amateur.

→ R O D E O During Colonial times when Chile's prime industry was livestock farming, landowners used to get together to separate and brand the cattle by means of a rodeo. Over the years, this system was organized and improved, and the horsemen would herd the animals to the cattle pens belonging to each respective owner, in the quickest time possible. In this way, the tradition of the huaso (Chilean cowboy) and his horse took shape, blending farm work with sport - the only authentically national amateur sport in Chile.

CHAMANTOS DE DOÑIHUE En Doñihue se confeccionan los típicos chamantos y mantas que forman parte de la vestimenta tradicional de los huasos. Los artesanos trabajan ocho horas diarias, durante 3 a 4 meses, en su elaboración, incorporándoles originales diseños de flores, espigas y hojas de parra.

DOÑIHUE CAPES The typical capes and ponchos that are traditionally worn by the huasos are made in Doñihue. It takes between 3 to 4 months, working 8 hours a day, for the craftspeople to make one of these, each bearing an original design featuring flowers, spikes of wheat, and grapevines.

Zona **SUR**

← RESERVA NACIONAL RADAL SIETE TAZAS Desde las altas cumbres de la cordillera, entre riscos y bosque nativos, va descendiendo el río Claro en dirección al mar hasta llegar a la notable formación geológica denominada Siete Tazas, donde siete pozas cavadas en la roca en distintos niveles dan origen a siete cascadas consecutivas. Se ubica en la precordillera de las provincias de Curicó y Talca.

→ HELECHOS, CORDILLERA DE NAHUELBUTA Contemplar una vertiente de agua pura, en un bosque nativo cubierto de verdes helechos, es una experiencia que produce una renovadora paz.

← PARQUE NACIONAL CONGUILLÍO

← RADAL SIETE TAZAS NATIONAL RESERVE The Claro river runs from the high peaks of the Andes down through rocky crags and native forests towards the sea, passing through the remarkable geological formation known as "Siete Tazas" (Seven Cups), where seven layers of pools carved into the rock, give rise to seven consecutive waterfalls. This National Reserve is located in the foothills of the Andes in the provinces of Curicó and Talca.

→ FERNS, CORDILLERA DE NAHUELBUTA (NAHUELBUTA MOUNTAIN RANGE) Observing a natural spring of pure water in a native forest filled with green ferns, inspires a kind of renewed sense of peace.

← CONGUILLÍO NATIONAL PARK

← MUJER MAPUCHE La machi Marcelina Neculpán, de Chol-Chol, luce orgullosa en su pecho un adorno llamado trapelakucha. También la acompaña su kultrun, que es el instrumento sagrado más importante de la cultura mapuche y que representa la síntesis de la cosmovisión indígena. Su uso ceremonial permite a la machi conectarse con sus divinidades para agradecer, pedir y hasta sanar cualquier enfermedad. Ambos son inseparables, a tal punto que cuando la machi muere, el kultrun es enterrado con ella.

→ PAISAJE MAPUCHE Su técnica de cultivo por agotamiento de la tierra y el ramoneo de sus ganados explican los campos abiertos entre suaves lomas, coronados por rucas y salpicados de manchas de bosques. La tierra no tiene divisiones, sólo de vez en cuando unos cercos vegetales de arbustos llamados pica-pica.

← MAPUCHE WOMAN (INDIGENOUS CHILEAN CULTURE) The machi (medicine woman), Marcelina Neculpán from Chol-Chol, proudly sports an adornment called "trapelakucha" on her chest. She also has her "kultrun" with her, which is the most important sacred instrument of the Mapuche culture and represents the synthesis of the native people's view of the cosmos. Its ceremonial use allows the machi to connect with their deities in order to offer thanks, ask for certain things, and even cure illnesses. They are both inseparable, to such an extent that when the machi dies, the kultrun is buried with her.

→ MAPUCHE LANDSCAPE The crop depletion and cattle-grazing cultivation techniques used by the Mapuches go a long way in explaining the open fields set among gentle hillsides, crowned with little huts and spattered with bursts of woodland. The land has no divisions apart from the occasional "pica-pica" - fences made out of bushes.

PARQUE NACIONAL CONGUILLÍO

Compuesto por un valle de alta cordillera con cuatro lagunas formadas por tacos de lava de las erupciones del volcán Llaima, que con sus 3.125 m de altura y su permanente actividad domina el paisaje. El lago Conguillío, rodeado de araucarias, corre subterráneamente hasta aparecer en la laguna Arcoiris, de formación reciente (40-60 años). Gracias a la increíble transparencia de sus aguas se puede apreciar los troncos de araucaria sumergidos en lo profundo de la laguna. El paisaje se conserva en su estado virgen, con bosques de araucaria de 1.200 años y robles, raulíes, coigües y cipreses distribuidos entre saltos de agua y escoriales de las últimas erupciones.

CONGUILLÍO NATIONAL PARK

This Park ensures the protection of a high mountain valley with four lagoons created by lava flows from the Llaima volcano, which, standing at 3,125 m high, is permanently active and dominates the landscape. Lake Conguillío, which is surrounded by araucarias (native Chilean monkey puzzle trees), seeps underground until reappearing in the Arcoiris lagoon, formed during the past 40 to 60 years. Owing to the incredible transparency of its water, you can see the araucarias' trunks, submerged deep down in the lake. The landscape remains untouched and uncontaminated, with its 1,200 year old araucaria forests, and robles (oak-like tree), raulíes (deciduous southern beech tree), coigues (native evergreen beech), and cypresses all scattered among waterfalls and heaps of volcanic ash from recent eruptions.

LAGUNA ARCOIRIS
ARCOIRIS LAGOON

↑ LAGO CONGUILLÍO
→ LAGUNA CAPTRÉN

↑ LAKE CONGUILLÍO
→ CAPTRÉN LAGOON

ARAUCARIA La araucaria es el árbol más característico del Parque Nacional Conguillío. Puede vivir hasta 2.000 años y su diámetro alcanza los 2 metros, con una altura promedio de 30 a 35 m, aunque algunos ejemplares sobrepasan los 50 m. Su fruto, el piñón, es uno de los principales alimentos de los pehuenches que habitan en la cordillera.

ARAUCARIA The araucaria is the most characteristic tree of the Conguillío National Park. It can live for up to 2,000 years, and reach a diameter of 2 m and an average height of between 30 and 35 m, although some can exceed 50 m. Its fruit, the "piñon" or pine nut, is one of the Pehuenches' (indigenous people who live in the mountains) basic foodstuffs.

← LAGO TODOS LOS SANTOS El Kayak es la embarcación ideal para recorrer la costa del lago Todo los Santos y admirar los bosques nativos que lo rodean. Al fondo se alza imponente el volcán Osorno con sus 2.652 m de altura.

→ LAGO PANGUIPULLI En el verano, el lago Panguipulli atrae a una gran cantidad de turistas que aprovechan sus aguas para practicar deportes náuticos.

⇾ PUCÓN

← LAKE TODOS LOS SANTOS The ideal way of getting about in this lake and discovering the surrounding native forests is by kayak. In the background, we can see the imposing Osorno volcano which stands at 2,652 m high.

→ LAKE PANGUIPULLI In summer, this lake attracts a large number of tourists who like to practice water sports.

⇾ PUCÓN

← PUERTO VARAS La imponente Iglesia del Sagrado Corazón de Jesús se destaca iluminada sobre la ciudad de Puerto Varas. Su construcción en roble data del año 1915 y esta inspirada en la Iglesia Alemana de Marienkirche.

→ SALTOS DEL PETROHUÉ El sol del atardecer alumbra suavemente la cumbre nevada del volcán Osorno y las copas de los coigües que rodean a los saltos del Petrohué. Con el paso del tiempo el río fue erosionando las grandes rocas de lava cristalizada, quedando a la vista las pequeñas piedras que las conforman.

← PUERTO VARAS The imposing and illuminated Sagrado Corazón de Jesús Church stands tall and proud over the city of Puerto Varas. Its oak construction dates back to 1915 and is modeled on the Marienkirche church in Germany.

→ SALTOS DEL PETROHUÉ (Petrohué Waterfalls) The snow-capped Osorno volcano and the coigue treetops that surround the Saltos del Petrohué gently bask in the soft glow of the evening sun. Over the years, the river has eroded the large rocks formed from crystallized lava, leaving only the small stones that can be seen today.

QUELLÓN

← CASTRO Ubicada en la ribera de un fiordo de protegidas aguas, Castro es la tercera ciudad más antigua de Chile, después de Santiago y La Serena. Fundada en 1567 por Martín Ruiz de Gamboa, actualmente es la capital de la provincia de Chiloé. La iglesia de San Francisco data de 1906 y fue construida por artesanos locales con madera de la región.

← CASTRO Located on the banks of a fiord whose waters are protected, Castro is the third oldest city in Chile after Santiago and La Serena. It was founded in 1567 by Martín Ruiz de Gamboa and is the capital of the province of Chiloé. The San Francisco church, constructed by local craftsmen in wood from the region, dates back to 1906.

CHONCHI En 1754 los jesuitas comenzaron la construcción de la iglesia de San Carlos de Chonchi, que quedó inconclusa. En 1959 fue remozada al estilo neoclásico. Actualmente, con sus 730 metros cuadrados, es una de las más grandes de Chiloé.

CHONCHI In 1754, the Jesuits started building the San Carlos church in Chonchi but it was never completed. It was then remodeled in a neo-classical style in 1959 and, measuring 730 square meters, is one of the largest churches on the island of Chiloé today.

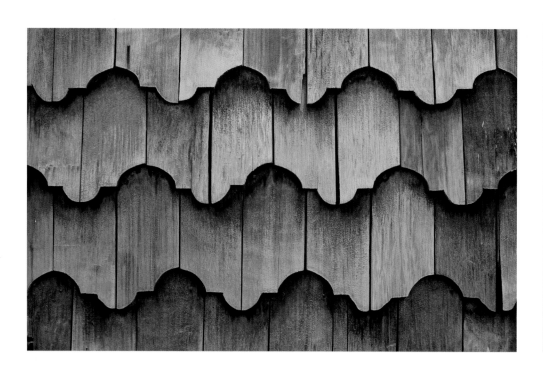 

TEJUELAS Tablillas de madera muy delgada, angosta y larga. Se colocan una sobre otra para evitar el paso de la lluvia, quedando visible sólo 1/3 de ellas. Los chilotes las confeccionan en distintas formas y colores, otorgándoles a sus viviendas alegres texturas.

TEJUELAS (WOODEN SHINGLES) These are small planks of very thin, narrow, and long wooden shingles. They are placed one on top of another so as to prevent the rain from seeping through and only a third of them remains visible. The chilotes (natives of Chiloé) make them in several different shapes and colors, which give their houses a cheerful texture and appearance.

↑ MOLINO DE PIEDRA Introducido por los jesuitas, el molino de piedra se construye en forma simple y sólida. Está formado por un embudo donde se deposita el trigo que cae al centro de las piedras, una caja donde cae después la harina y una hélice de madera movida por la caída del agua que hace girar las piedras.

→ CHILOÉ Con la construcción de templos de maderas, los misioneros quisieron transformar al archipiélago en el jardín de la iglesia. Su estilo fue inicialmente influido por edificios religiosos de Alemania, debido a las misiones chilotas de los padres jesuitas bávaro-alemanes.

↑ STONE MILL Introduced by the Jesuits, the stone mill is a simple and solid construction. It consists of a funnel through which the wheat is poured down into the center of the stones, a box which collects the resultant flour, and a wooden waterwheel that is rotated by the waterfall that, in turn, rotates the stones to grind the wheat.

→ CHILOÉ With their construction of wooden churches, the missionaries wanted to transform this archipelago into a Church garden. Their style was initially influenced by religious buildings in Germany, due to the missions carried out by Bavarian-German Jesuit priests in Chiloé.

Extremo **SUR**

LAGO YELCHO   El lago Yelcho es uno de los más hermosos de Chile. Sus aguas de color verde esmeralda están encajonadas por altos cerros cubiertos en sus faldas de bosque nativo. Es un lugar ideal para la pesca deportiva de truchas en un marco de belleza y soledad sorprendentes.

← ESTANCIA RÍO PENITENTE

LAKE YELCHO   This is one of the most beautiful lakes in Chile, its emerald green waters nestling among mountains where native forests cover the foothills. This solitary and stunning setting is an ideal place for trout fishing.

← RÍO PENITENTE CATTLE RANCH

LAGUNA SAN RAFAEL Se llega navegando por canales del archipiélago occidental hasta el ventisquero San Valentín, pernoctando en pequeñas bahías. Su glaciar llega al mar y da origen a los témpanos que se desprenden de sus hielos. Es el más próximo al ecuador en el mundo y se encuentra en un proceso de retroceso paulatino.

SAN RAFAEL LAGOON To get to this lagoon, you have to sail down through the western archipelago channels, stopping off to anchor at night in little bays along the way, until you arrive at the San Valentín glacier. The glacier runs down to the sea and gives rise to the icebergs which break off from the ice walls. It is the closest to the equator in the world, which is why it is gradually receding.

ESTANCIA RÍO PENITENTE La antigua estancia ganadera Río Penitente fue construida en 1891 por el escocés Alexander Morrison y actualmente es administrada por sus descendientes. Durante la segunda semana de diciembre se puede conocer las faenas de esquila, hacer cabalgatas y practicar la pesca con mosca.

« PARQUE NACIONAL TORRES DEL PAINE A 400 km al norte de Punta Arenas se encuentra uno de los ecosistemas más espectaculares del mundo, con paredes de roca de hasta 1.000 m de altura. Hace alrededor de 12 millones de años se levantó la corteza de la tierra, y con el tiempo, el hielo y el viento fueron erosionando las montañas de granito, dando forma a las escarpadas torres que hoy atraen a los mejores escaladores del planeta.

RÍO PENITENTE RANCH This old cattle ranch was built in 1891 by the Scot, Alexander Morrison, and is still managed by his descendants today. In the second week of December, you can watch the sheep being sheared, do some horseback riding, and go fly fishing.

« TORRES DEL PAINE NATIONAL PARK Situated 400 km north of Punta Arenas, this is one of the world's most spectacular ecosystems, famous for its 1,000 m high rock walls. About 12 million years ago, the earth's crust rose and, over the ensuing years, the ice and wind eroded the granite mountains, thus, forming the steep rock towers that today attract the best climbers in the world.

→ PUNTA ARENAS Punta Arenas es la capital de la región de Magallanes y Antártida Chilena, además, es puerto de abastecimiento para el tráfico de barcos de gran tonelaje a través del Estrecho de Magallanes. La ciudad aún conserva el sello impuesto por los colonos con sus magníficas viviendas de coloridos techos.

→ PUNTA ARENAS Apart from being the capital of both the Magellan region and Chilean Antarctica, Punta Arenas is also the supply port for huge cargo ships that cross the Estrecho de Magallanes (Magellan Strait). The original colonists' influence is still visible even today in the form of magnificent houses with their colorful roofs.

PORVENIR

BAHÍA MANSA

PUERTO WILLIAMS Es el puerto más austral del mundo y capital de la provincia antártica. Está rodeado de imponentes montañas cubiertas de bosques nativos. Al borde del canal Beagle y rodeados de ventisqueros habitaron antiguamente los yamanas.

← PESCADOR DE CENTOLLA Este crustáceo es exclusivo de Chile y habita en aguas frías entre Chiloé y Tierra del Fuego. Su captura se realiza entre los 5 y 100 m de profundidad; es un valioso recurso para la subsistencia de los pescadores y la industria magallánica.

PUERTO WILLIAMS This is the southernmost port in the world and the capital of the Antarctic province. It is surrounded by imposing mountains covered in native forests and, long ago, the Yamanas (indigenous Patagonian culture) used to live here on the banks of the Beagle channel, surrounded by glaciers.

← CENTOLLA (SPIDER CRAB) FISHERMAN This crustacean is exclusive to Chile and lives in cold waters between Chiloé and Tierra del Fuego. They are caught in depths of between 5 m and 100 m and provide a valuable source of income for both the fishermen and the Magellan industry as a whole.

→ ANTÁRTICA Los tres meses del verano antártico son un día continuo, sin noche, en donde un sol rasante aparece constantemente sobre el horizonte. Las temperaturas son extremadamente bajas y la capa de hielo, que cubre el 91% de su superficie, tiene un promedio de espesor de 2.000 m; es la mayor reserva de agua dulce del mundo. En el Estrecho Gerlache, superficies de hielo apoyadas en la costa se extienden flotando en el mar y al fracturarse dan origen a gigantescos témpanos flotantes.

→ ANTARCTICA The three months that constitute an Antarctic summer are, in effect, one long continuous day without nightfall, during which time the sun lies low on the horizon. Temperatures are extremely low and the ice cap, which covers 91% of the Antarctic's surface and is, on average, 2,000 m thick, is also the largest fresh water reserve in the world. In the Estrecho Gerlache (Gerlache Straits), coastal ice caps jut out into the sea and upon breaking off, produce giant floating icebergs.

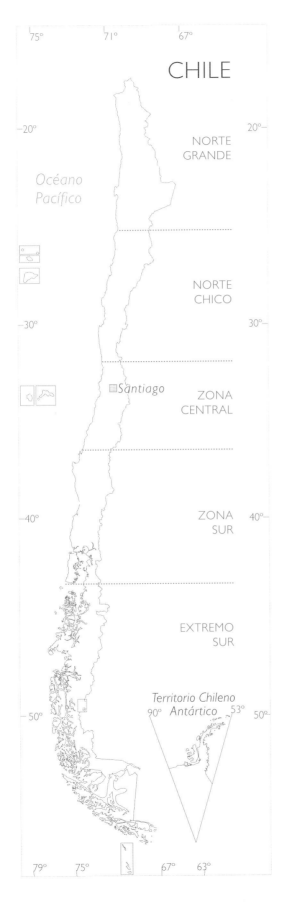

CHILE

75° 71° 67°

−20° NORTE GRANDE 20°

Océano Pacífico

NORTE CHICO

−30° 30°

☐ Santiago ZONA CENTRAL

−40° ZONA SUR 40°

EXTREMO SUR

Territorio Chileno Antártico 90° 53°
−50° 50°

79° 75° 67° 63°

MAPAS *de Chile*
MAPS *of Chile*

NORTE *Grande*

Northernmost Region of Chile

Isla San Felix

Isla San Ambrosio

Isla Sala y Gómez

Isla de Pascua

Océano Pacífico

III Región

IV Región

V Región

Cordillera de Domeyko

Cordillera Claudio Gay

Chañaral

Salar de Pedernales

Laguna Verde

Caldera

Salar de Maricunga

Bahía Inglesa

Copiapó

Río Copiapó

Desierto Florido

Caleta Totoral

Carrizal Bajo

Huasco

Vallenar

Río Huasco

Juan Soldado

La Serena

Vicuña

Playa Blanca

Río Elqui

Montegrande

Tongoy

Río Limarí

Ovalle

Fray Jorge

Emb. La Paloma

Emb. Cogotí

El Totoral

Río Choapa

Los Vilos

Los Molles

NORTE *Chico*

Second Northernmost Region of Chile

Zona CENTRAL

Central Region of Chile

VIII Región

Concepción

Río Itata

Cordillera de Nahuelbuta

Río Biobío

Laguna del Laja

Lago Lanalhue

Angol

Victoria

Río Biobío

IX Región

Chol-Chol

Conguillío

Temuco

Río Imperial

V. Llaima
3.125

Lago Villarrica

Pucón

Lago Panguipulli

Lago Calafquén

Valdivia

Lago Riñihue

Lago Ranco

Osorno

Lago Puyehue

Lago Llanquihue

Lago Rupanco

Lago Todos los Santos

Puerto Varas

Salto del Petrohué

Puerto Montt

X Región

Ancud

Castro

Isla Grande de Chiloé

Chonchi

Chaitén

Quellón

Río Futaleufú

Z o n a SUR

Southern Region of Chile

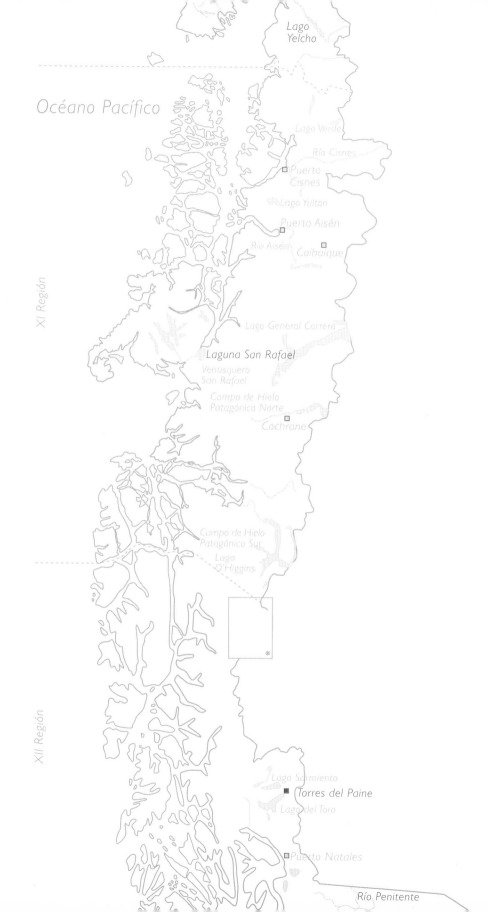

Extremo **SUR**

Southernmost Region of Chile

* *Acuerdo entre la República de Chile y la República Argentina para precisar el recorrido del límite desde el Monte Fitz-Roy hasta el Cerro Daudet (Buenos Aires, 16 de diciembre de 1998).*

* *Agreement between the Republic of Chile and the Republic of Argentina having specified the border between Monte Fitz-Roy and Cerro Daudet (Buenos Aires, December 16th, 1998).*

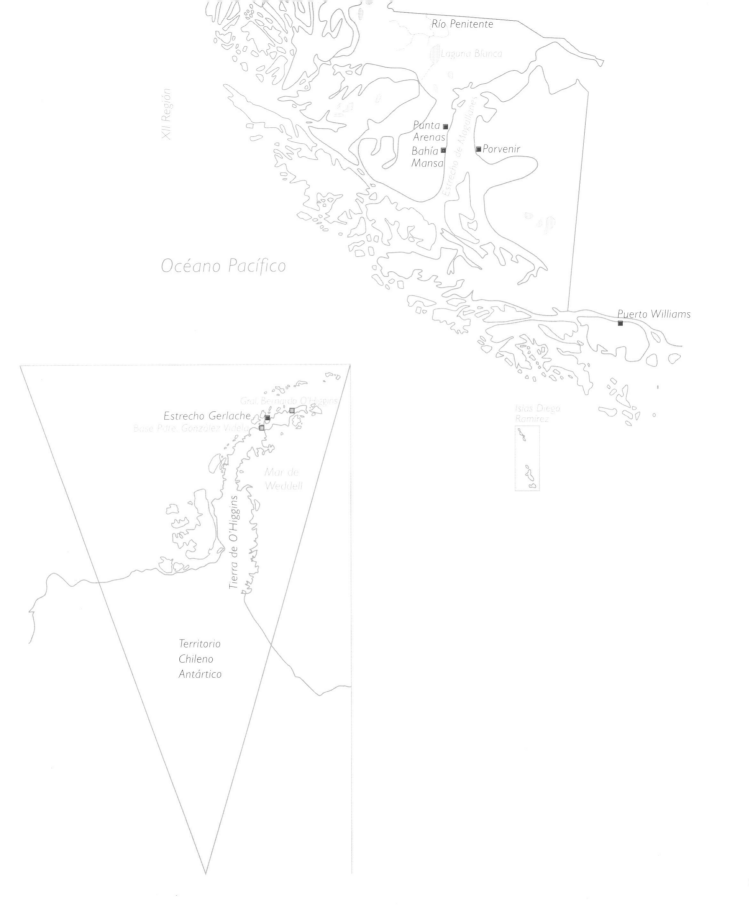

Río Penitente

Laguna Blanca

XII Región

Punta ■
Arenas
Bahía ■
Mansa

Estrecho de Magallanes

■ Porvenir

Océano Pacífico

Puerto Williams ■

Islas Diego
Ramírez

Gral. Bernardo O'Higgins

Estrecho Gerlache
Base Pdte. González Videla

Mar de
Weddell

Tierra de O'Higgins

Territorio
Chileno
Antártico

AGRADECIMIENTOS   La realización de la mayoría de las fotografías de este libro ha sido posible gracias a los reportajes coordinados con el editor Dominique Verhasselt. Su apoyo permitió que me concentrara exclusivamente en hacer fotografías interesantes.

También quiero agradecer a mi abuelo, Sergio González-Pagliere, por haberme aconsejado no desistir de mi empeño por ser fotógrafo. A mis padres, Eugenio y Susana, por la educación que de ellos recibí. A mi familia, especialmente a mi esposa, Cecilia, por su apoyo sin condiciones.

ACKNOWLEDGMENTS   Most of the photographs in this book were made possible thanks to illustrated reports coordinated with the editor, Dominique Verhasselt, whose support enabled me to concentrate exclusively on taking interesting photographs.

I would also like to thank my grandfather, Sergio González-Pagliere for having encouraged me to persist with fulfilling my dream of becoming a photographer. I would also like to thank my parents, Eugenio and Susana for everything they taught me, and my family, especially my wife, Cecilia, for her unconditional support.